Conoce la nieve

Kathy Smith

Traducción al español: José María Obregón

Rosen REAL READERS en español

Rosen Classroom Books & Materials
New York

La nieve cae cuando hace frío.

Los copos de nieve son gotas de agua congelada.

Los quitanieves mueven la nieve del camino.

Con la nieve podemos hacer muñecos de nieve.

Con la nieve podemos hacer casas.

Podemos ir de paseo por la nieve.

Palabras que debes saber

(los) copos de nieve

(el) muñeco de nieve

(la) nieve

(el) quitanieve